cacos retidos na margem
Adriane Figueira

cacha lote

cacos retidos na margem
Adriane Figueira

AFETOS EM REVOADA

o sol está em virgem	13
encontrando cláudia	15
meu livro de todos os dias	16
um pássaro lilás cantante	17
ritmo	18
distendendo e misturando canções de arctic monkeys	19
carta nunca enviada	20
dois pontos de fuga	21
superfície	22
sobre espelhos feitos de letras ruidosas	23
tentando manter meus olhos em você	24
rio da minha aldeia	26

DA LOUCURA QUE ME ROUBA O NOME E O SENTIDO

última dança	31
teseu às avessas	32
labirinto	33
tártaro	34
eu era um lobisomem juvenil	36
outra margem, madrugada	37
vertigem	38
labirinto ii	39
coração vago	40
esquecer-lembrar-inventar	41
abismo	42
queda	43
frantumaglia	44
and so it is...	45
notas insensatas	47

limbo 48
intermitente 49
górgona 50
incêndio 51
o que a memória não apaga 52

DIÁLOGOS INTANGÍVEIS

grau zero 57
desastre 60
vertigem II 61
fragmentos 64
noite 65

PREÂMBULO

Um diário, talvez, consista em uma transcrição fantasiosa do excesso de realidade, do transbordamento de sentimentos, dos sonhos fragmentados, incompletos, ou, apenas, uma passagem afunilada que dá para o outro lado. Margem corrompida, acúmulo de resíduos — retenção.

Eu nunca escrevi diários! Isto aqui é um extravasamento, um inventário estilhaçado, sem datas fixas no calendário, sem horários demarcados — guiado por Kairós.

O exercício a que me propus nessas páginas percorre os anos de isolamento (2020-2022), e uma fração mínima do último ano caótico, que foi quando a escrita livre passou a fazer parte do meu cotidiano — não como obrigação, mas necessidade, como um conforto desconfortável que só pode ser expresso pelo verbo gráfico.

Todo material foi suscitado dos sonhos, dos desejos inconfessáveis, dos silêncios estridentes, da solidão irremediável e de muitas noites insones e desassossegadas.

Adriane Figueira

*[...] For the eyeing of my scars, there is a charge
For the hearing of my heart—
It really goes.
And there is a charge, a very large charge
For a word or a touch
Or a bit of blood.*

Sylvia Plath

PARTE I
AFETOS EM REVOADA

O SOL ESTÁ EM VIRGEM

Nasceste em 12 de setembro de 1948, sob signo de virgem, ao sul do país. Era domingo, como no dia da tua passagem em 1996, e fazia sol. Caio Fernando Loureiro de Abreu, assim foste batizado, criança de olhos grandes e expressivos. Para mim, apenas Caio F. — o dono do meu olhar, o escritor irremediável de pesquisas, gestos e paixões.

Em 2017, quando conheci Gil Veloso, foi como se pudesse te alcançar através do abraço que recebi do teu anjo da guarda. Gil demonstrou carinho e respeito para com o teu legado e tua amizade, ele ainda ama o teu retrato e tuas palavras... eu, também. Nos aproximamos pelo amor e dedicação ao teu trabalho e tem sido uma enorme alegria tê-lo por perto desde então.

Foi em setembro de 2020, quando da comemoração dos 72 anos do teu nascimento, que escrevi parte dessa declaração. Depois de alguns dias recebi uma fotografia de Gil com a legenda: "Amoras frescas para o Caio, basta de morangos mofados". Nela se via uma louça florida com pequenas amoras recém-colhidas. Sorri!

Retiro agora com cuidado essas minhas palavras apaixonadas do fundo da gaveta de afetos — estes que jamais acumulam pó — para te dizer, mais uma e outra vez, o quanto és gigante. Já são 73 anos da tua iluminação mais brilhante, tua estreia nesse mundo. O ano é 2021 e estamos todos presos e adoecidos — seja pelos sucessivos golpes políticos, seja pela falta de ar, excesso de violência... o Brasil está sucumbindo. Mas a poesia persiste e te celebro todos os dias de todos os anos desde o nosso primeiro encontro-voo-vertigem, lá em

2008, lembras? O teu dragão me tomou pelos braços e jamais me soltou. Sigo!

O sol está em virgem, embora eu não faça ideia do que isso significa, certamente tu saberias e poderias falar sobre o assunto por horas a fio. Na minha cabeça, quer dizer, o ciclo das estações: primavera ou outono, inverno ou verão, dependendo de onde me deito para olhar o céu. Talvez calor, ou um suave vento frio. Talvez folhas no chão, ou flores brotando e em qualquer um dos cenários descritos os dragões sobrevoam e os morangos são colhidos.

Setembro é, quase sempre, um mês bom, de amores que chegam e que vão, do teu nascimento no fim do inverno, inverto o mapa e acaba o verão. O presente tem sido generoso comigo, o que é uma tremenda contradição. O mundo está uma loucura, a vilania e o horror agora são vizinhas de porta, dormem e acordam entre nós, tingem os dias de vermelho e cinza, mas ainda não sucumbimos, resistimos e usamos máscaras para conter o ódio e o vírus.

Neste ano de deuses najas e jamantas em cada esquina, me permiti sentir o abismo, criar universos através das palavras, girar na solidão dos afetos, das ausências, do infinito e te trazer ainda mais para perto.

Caio em existências desconhecidas e o verbo na queda evoca teu nome. Tropeço, ralo joelhos, rabisco a pele, o papel, os sonhos e às vezes até sorrio. Sei que de onde estás envias a tua luz mais brilhante, grandes e pequenas epifanias. Falo contigo e sempre canto em tua homenagem, ouves?

Te abraço e te beijo, minha Laika que uiva para o infinito!

ENCONTRANDO CLÁUDIA

Na minha imaginação, a Lisboa de Cláudia R. Sampaio é logo ali, ao alcance das minhas mãos, basta que eu navegue pelas prateleiras da minha estante vermelha, onde seus versos impossíveis repousam ao lado de outra musa: Alejandra Pizarnik.

O nosso encontro é feito de fogo, nunca cinza. Incêndio poético que jorra como lava pelos teus olhos cor de mar e teu cabelo ruivo.

Estamos no teu jardim, cercadas pelas tuas plantas, onde tuas duas gatas dormem. Acendemos cigarros e fumamos enquanto me contas sobre teus planos e tuas iluminações artísticas. Eu que não sei conter a euforia e o nervosismo diante da grandeza da mulher impossível, choro.

Cláudia é tímida, lê uns versos do Cesariny e eu sorrio diante do infinito da sua poesia e do seu corpo rabiscado em cores e palavras.

Observo a poeta desperta com espanto e alegria, ela é como um lírio de cor indefinida, seu sotaque é cantiga para meus ouvidos. Meu olhar umedece e se admira diante da Mulher-Sísifo que empurra sua pedra com elegância.

Falamos sobre a solidão e a loucura, sobre a fugacidade dos sentidos, sobre afetos reprimidos e sobre pintura.

Cláudia pinta e borda e desenha e escreve, Cláudia cuida do seu jardim e seu trabalho melhora o mundo.

Volto do encontro sonhado vendo no escuro e chamando a solidão pelo outro nome.

MEU LIVRO DE TODOS OS DIAS

Hoje, mais uma vez, acordei com Renato Russo e Caio Fernando Abreu no pensamento. Sinais do universo, acredito. Os dois rapazes mais tristes do mundo, os que me fizeram chegar até aqui — dentro do momento presente, no livro dos meus dias, no voo desse dragão rebelde e lírico. Essas palavras nascem embaladas pela voz já debilitada do Renato... ouço o disco *A tempestade* e tenho a certeza de que Júnior está aqui do meu lado, dentro, sempre. Escrevi um livro que traz já no título essa paixão declarada... Eles... dragões que agora sobrevoam a via láctea, o infinito. Reli outro dia o *Inventário do irremediável* e a cada página virada sentia as ondas desse mar aberto umedecerem os olhos e desabarem pelo meu rosto triste. Lembro da graduação, do mestrado quando tudo o que conseguia pensar e escrever tinha a ver com prazos e defesas e correrias. Fases vencidas de mãos dadas com estes dois moços. Me tornei "especialista". A correria persiste.

Da morte, do amor, do lirismo desmedido. Tudo nasce da vontade e do afeto. Agradeço aos deuses de tudo o que há e sei que o vento no litoral continua soprando o ar para perto. Talvez não haja sentido nesse relato, mas registro o sentimento para não esquecer a razão pela qual sobrevivo e escrevo.

Caio e Renato, Renato e Caio... sou tudo isso o que não se pode ver e também raio, relâmpago e trovão.

UM PÁSSARO LILÁS CANTANTE

A experiência de reencontrar Buma sempre me percorre profundo: *noche abierta, noche presencia*. Não importa se esbarro em suas palavras em dois momentos distintos do mesmo dia, ou se as degusto em dias alternados. Há uma magia perceptível nesses encontros lilases-dourados. Há um amor que alimenta o pássaro que entoa seu canto solitário.

A mulher que me atravessa o corpo e as palavras perdura no verso, caminha na madrugada... implacável, imensa.

Meu rio interior transborda pelos olhos e vira mar, o olhar não cansa de procurar o silêncio, de escalar esse verbo sangrento. Dançam as ondas, contemplo o vento, rabisco histórias nos muros do tempo. As páginas amareladas ganham novos contornos, a respiração condensa o ar.

A mulher adormecida se ergue no espaço, navega pelas ruínas de si, corre perdida e achada no labirinto de dor e delícia. Flora descansa imensa nas bordas de outra vida, pois transcendeu a linha de chegada-partida, tocou as profundezas impossíveis.

Alejandra, teu nome ecoa por todas as arestas desse meu frágil corpo de poeta.

RITMO

Ondas sonoras correm pelo meu corpo e fazem festa. Algumas vezes sou uma dança quente, cheia de gingado vinda dos trópicos, muy latina. Outras vezes, sou um homem-ovo, um polvo num jardim, um morango naqueles campos infinitos, ou uma valsa que retumba num quarto vazio. Em português, espanhol, italiano ou inglês – eu danço como se o mundo acabasse a cada instante. A música melhora tudo, salva o minuto e o sorriso.

Canções são a poesia que viaja acima das nossas cabeças, através dos corpos e espaços. Elas se assentam em tudo e o vento espalha suas sementes que polinizam no infinito. Ouço música para viver, para ser, para não morrer. Abraço os acordes e as vozes que me chegam pelos ouvidos. Sobrevoo o universo, imortal.

DISTENDENDO E MISTURANDO CANÇÕES DE ARCTIC MONKEYS

Ser acordada ao som de uma valsa amargurada
Tomar café com a cara amassada e derrotada
no hotel dos corações partidos
Ser vencida pelo acaso inoportuno.

Não, eu não parto corações,
apenas finjo que o amor não é isso tudo
e que você foi apenas mais um amante no jogo de azar
Definitivamente, não sei jogar
Ainda tenho vidas para gastar?

Sem jeito para a poesia
Não sou como um Dandelion & Burdock
Apenas limonada
espremida com as cascas
não adoçada.

CARTA NUNCA ENVIADA

Te escrevo do presente, mas é no passado que persiste o teu rosto ausente.

Antes não havia as palavras de hoje, não havia o ser que inventei para me proteger da loucura do mundo. Apenas os olhos de verde desbotado e reflexos alaranjados. Recordo os lábios de seda, a barba malfeita, a suave curva do pescoço. A camisa azul de bolinhas brancas, abotoada, as mangas longas.

Agora nada sei da tua voz estrangeira, é como se a memória tivesse perversamente apagado qualquer vestígio da sinfonia orquestrada pelas tuas cordas vocais.

Te inscrevo e te escrevo para não esquecer os contornos do teu rosto, teus cabelos. Te forjo só para o meu prazer, para afagar a saudade que me consome daquilo que nunca experimentei... Invento teu nome. Teus braços inquietos de abraços vaporosos e ternos. Não usavas qualquer acessório. Havia em ti uma doce fragrância de homem maduro, sem a artificialidade das cápsulas de perfumes. Eras um mistério profundo, uma sucessão de gestos desejosos.

Fazes-me falta, a mordida que deste no meu coração continua ardendo, mas a iluminação que lançaste cá dentro persiste e se alastra.

DOIS PONTOS DE FUGA

Ainda que haja uma infinidade de perguntas e declarações a serem feitas, é sempre muito custoso escrever. As palavras se escondem, se evadem, mas o afeto é persistente e profundo. O verbo perdura e avança.

Sua voz atravessa as margens impossíveis e se assenta aqui, nesse outro lado do universo, dentro de dentro de mim, trabalhada em luz e sombra.
    Eu não venço clichês, sou emocionada e patética.
    Você canta e eu desato os nós úmidos.

Seus versos sonoros transbordam, eu me equilibro e me agarro nas âncoras do seu Andrea Doria — um navio sem porto, numa correnteza sem direção.

Fazemos florestas do deserto, diamantes reluzentes com pedaços de vidro vagabundo, dançamos nas folhas rasuradas desse grande livro aberto que é o mundo.
    Abraços fortes e já estamos distantes outra vez, buscando razão nas coisas feitas pelo coração, rabiscando horizontes e sentindo saudades do que nunca vimos.

SUPERFÍCIE

No fundo da caixa estampada por selos antigos de lugares em que nunca estive, repousam papéis que atestam minhas competências e experiências profissionais adquiridas, junto estão cadernos e blocos nunca usados, um passaporte com folhas limpas de viagens sonhadas e não realizadas.

As memórias materiais cabem em pequenos espaços e se degradam fáceis quando expostas a poucos cuidados. As memórias afetivas ficam pregadas no infinito, numa nuvem carregada de partículas de chuva e fumaça que se escondem às vezes ao sabor dos humores, do tempo e dos ventos.

Sempre que penso sobre o passado ou sobre tudo que não passou, refaço o presente suspirando pelo futuro inexistente.

Guardo matéria para recordar invisibilidades.

SOBRE ESPELHOS FEITOS DE LETRAS RUIDOSAS

É um grande assombro se ver refletida nos gestos-palavras do
outro, ou melhor, da outra.
Uma escritora que se evade, invade meu solo úmido e sobre
[a qual nada sei.
A não ser o que ela deixou saber — poeira e névoa.
Fabulação, intimidade... um mistério profundo numa angústia
densa de quem forja palavras sangrentas, cheias de dor
[e súplica.
O que ali é verdade?
O real não existe, mas o silêncio sim e a solidão também.
O drama consiste na inadequação, na impossibilidade
[da transmissão.
Não há cura ou verbo-verso que baste.
Não tem fim o mal-estar, o grito abafado, um coro de nãos e
[de nada.
Sentimentos não são pronunciáveis ou mensuráveis, apenas são
mentiras disfarçadas, adornadas.
Vazio, imensidão, margem.
Uma dança inacabada.
Não é necessário justificar os fragmentos do eu múltiplo que
[se expande.
Há um jardim e a noite que convoca o pássaro, mas as grades
da gaiola-labirinto não se desprendem e a chave parece
[perdida para sempre.
Sem explicação, sem um ponto que culmina no horizonte lilás.
Um rio escuro e de águas fartas que corre para um mar
[distante, um zumbido que escapa.
Un dolor compartido... ganas de llorar.

TENTANDO MANTER MEUS OLHOS EM VOCÊ

Como dizer do mergulho na dor do outro... sempre distante, desconhecida? Como explicar com palavras — essas criaturas limitadas e confusas — o assombro que devasta, devassa, rasga a invisibilidade e pesa toneladas? Às vezes sou tomada por uma avalanche de emoção quando assisto a filmes. Foi assim com *Aftersun*. Tive que rever, estou em looping desde outubro passado. A trilha sonora, os silêncios, as locações, os movimentos, o texto, as atuações... Tudo transborda em angústia e deslumbramento. A câmera segue pela margem do não-dito, do que não pôde ser e não foi. Nos coloca na borda do abismo, na beleza do intangível.

Não soube entender, não quero entender nem sair das sequências desse desespero expandido. A lágrima, o olhar, a dormência de quem está, mas não está, não pode estar. O jovem pai que tenta se conter, disfarçar, mas transborda diante de sua filha de onze anos. O pai desmoronando... a última dança.

Há rastros/registros, uma espécie de testamento/testemunho — um modo de presentificar a ausência, uma tentativa de dizer até logo. Uma tentativa de dizer, sim, eu me importo, mas não aguento. Perdi a fé, não há retorno. Isto é uma despedida, eu te amo! Talvez o amor também seja documentar lembranças usando uma câmera, sorrir ao posar para retratos durante as férias na Turquia, espalhar na pele a loção pós-sol para amenizar queimaduras... Porque a ausência queima, mas o afeto não se transforma em cinzas, ele é ressignificado. A memória é um filtro embaçado, mas as imagens geradas podem ser restauradas: passado e presente misturados em líquidos salgados que escorrem pelos olhos. A vida sempre segue o seu fluxo e o céu é um instante azul, um infinito compartilhado.

RIO DA MINHA ALDEIA

O Tapajós me envolve
desde o berço
suas águas
às vezes turvas
às vezes cristalinas
mil espelhos refletidos
passado, presente, futuro
tece e destece meus caminhos

Navego agora
distante desse leito
meu rio ancestral
de curso intermitente
misterioso
cruzo restingas e igarapés
na canoa imaginária
feita de saudade
cartografia líquida da poética amazônica

Eu te sonho
meu rio âncora
sou corpo d'água que espera
a estiagem passar
na ânsia de nascer de novo
escorrer pela tua margem
ou girar no teu fluxo
ser paisagem

passagem
miragem
flor do destino.

PARTE II

DA LOUCURA QUE ME ROUBA O NOME E O SENTIDO

ÚLTIMA DANÇA

Para ouvir ao som "Under Pressure"
de Queen & David Bowie

Enquanto escrevo, este pensamento se esvai, se autodestrói.
O tempo escorre... irrepetível, ligeiro. Há dois pequenos
movimentos que forjam um retorno impossível: o retrato
e a memória. O primeiro paralisa o esquecimento, convida
o olhar para uma dança sôfrega que é sempre a primeira e
a última. O segundo é sonho, susto, lágrima, morte, sorriso.
Alcança a sombra e se reconstrói em momentos aleatórios,
imprevisível.

Nada vai, fica ou volta. A lembrança é sorrateira, enganosa.
Uma vez! a única possibilidade de ser, estar dentro da paisa-
gem que incessantemente apaga vestígios, enquanto o corpo
com lentidão ou desespero, sucumbe.

Palavras que nunca alcançam a superfície, se desgarram, se
afogam no silêncio do não-dito. A luz mergulha na sombra, a
voz cessa e o mar irrompe em ondas que espalham e carregam
as lembranças para dentro, para longe. Fora está o corpo:
o meu, o seu, o nosso. O gesto maldito que morre sem ao
menos ter vivido.

TESEU ÀS AVESSAS

Como Minotauro – o monstro
estou aprisionada
fadada a caminhar
em direção nenhuma

Imagino se Dédalo
projetou uma alternativa secreta
uma saída tão óbvia
que eu não consigo encontrar

Lembro das estórias gregas
quero acreditar em asas
feitas a partir de cera e de penas
voar é uma boa perspectiva
Ícaro parece concordar
– cuidado com o que deseja –

Fugimos todos do grande labirinto
rumo aos perigos externos
deslumbrados com o brilho de Apolo
e o imenso lar de Poseidon

Caio, caímos
nossas asas derretem
oscilam nossas crenças
a queda é o ato final
delírio líquido de sal.

LABIRINTO

Outra madrugada e mais uma vez o mesmo sonho: me equilibro para não ser engolida por um buraco, assim, no meio de uma rua pouca iluminada.

Dessa vez você estava lá, segurando minha mão e me ajudando a atravessar pela estrada. Nessa dimensão estranha, eu transito por eras solitárias. Há tanto tempo correndo pelas mesmas avenidas escuras, saltando sob o abismo e agora você, sua presença nesse universo onírico tão terrivelmente repetido.

No sonho era possível ouvir sua voz me dizendo: por aqui, não solta a minha mão, em breve estaremos em casa. Qual casa? Me pergunto.

Episódio inédito, louco, incompreensível.

Você e seu olhar me ajudando a cruzar fronteiras e sobreviver nesse mundo de ilusões profundas. O que isso quer dizer? Talvez, nada. Talvez, tudo. Mas não sou fluente nessa língua ampla e inexata.

TÁRTARO

Um texto se esboça dentro do sonho.
Abro os olhos e seus fragmentos escorrem pela face, mas
morrem na boca cheia de palavras impronunciáveis.
Remodelo, refaço passos dentro do labirinto escuro.
Tateio, aspiro... meus dedos buscam e não encontram.
Recrio o momento perdido, o gesto que escapa da realidade
encenada do delírio.
Sou eu. Nua. Intocável.
Você olha a distância e seu olhar não me devassa.
Lanço perguntas, você responde sem os artifícios da mentira.
— o que deseja?
— ficar.
— isso te excita, um corpo descoberto?
— não nesse contexto.
— estou vulnerável, você ataca?
— de jeito nenhum, seu corpo não me pertence.
— me abraça?
— sempre, sem o descontrole emocionado e invasivo.
— a nudez de uma mulher incomoda?
— não a mim. o corpo é de quem carrega a carne e os ossos,
o prazer e o toque precisam ser consentidos.

Me esforço para recordar, não recordo. Invento seu rosto, sua
voz, seu corpo... Esse encontro.
Seus cabelos dançam com o vento que sopra e beija sua pele,
eu observo de perto, de dentro... no inesperado instante que
se dissolve.

34

Você não existe, é uma projeção confusa da minha mente triste.
Você me diz: escreve. Não escrevo.
Você me veste porque faz frio, a gente senta e olha o horizonte.
Você beija minha testa e segura minha mão — essa que não sabe escrever o seu nome.

EU ERA UM LOBISOMEM JUVENIL

"Luz e sentido e palavra e palavra..."
A vida não tem porquê, é sem razão, apressada, violenta
Os músculos descansam diante do real, da dor,
da incapacidade de mover a pedra
Expando por dentro, enquanto me contorço por fora
Restos orgânicos de bicho sentimental, indistinguíveis
Lobisomem juvenil num passado que não passa, não
                                        [vai embora
Sobrevivo, bicho do mato acuado na cidade dos homens,
deuses engravatados que sufocam sonhos
O coração não pensa, engole o tempo sem alarde,
nem remorso
O chão não ergue asas,
o pássaro imóvel mira a ausência
desaprendeu o ofício do voo, do vento
acuado na geleira que dissolve as horas, o instante,
a palavra abortada em impossível nascedouro
"Se você quiser alguém pra ser só seu, é só não se esquecer
estarei aqui"
Mentira
Sou meu próprio resgate,
meu próprio líder,
meu próprio centro
E morro agarrada às chagas que me forjam o corpo e me
chamam pelo nome.

OUTRA MARGEM, MADRUGADA

Deste outro lado da existência não é possível perceber os contornos de corpos físicos, o vento chacoalha a folhagem como numa fotografia em movimento. Dois olhos úmidos e sonolentos, uma boca que se abre para o vazio, para o silêncio. Não posso tocar a imaterialidade, mas sinto seus efeitos, os cheiros de todas as coisas que não aprendi a nomear.

O mecanismo de tocar é um mistério.

As imagens correm depressa em todas as direções, os rostos fantasmagóricos me confundem, não há sentido ou linha reta...

As águas me transportam para longe, me misturo à paisagem líquida de cor indefinida. Não sei o que estou dizendo, me sinto vazia e pesada. Não sei doar, não sei receber, semear muito menos. Perdi o rumo, estou presa no labirinto, fiando e desfiando tecidos, rasgando véus que cobrem as muitas faces no espelho. Bailando dentro do silêncio na casa desabitada e sem janelas, as portas estão fechadas e a eletricidade suspensa. Amor é só uma palavra sem sentido, quatro letras, duas sílabas, substantivo masculino.

VERTIGEM

um rosto familiar e impossível caminha pelos meus sonhos. conversa comigo em uma língua indistinguível e eu respondo. alguém segura firme o seu braço esquerdo e fala algo misterioso, tenso. você franze o cenho e acompanha o estranho que agora já grita ao longe. não sei como termina a sua história, a última vez que consegui olhar para o seu rosto havia um filete vermelho perto dos seus olhos.

volta de novo, ainda não disse tudo o que tinha para dizer. prometo te levar para longe dessa loucura violenta que não controlo. deixa eu te trazer para dentro, para o afeto impossível que me consome.

LABIRINTO II

Letras se escondem e não podem gerar palavras.
A mente não organiza a mensagem que se espalha, mas
não se revela.
Perdida no espaço esvaziado, na densidade líquida que
naufraga o olhar.
Os lábios não obedecem aos estímulos do cérebro,
recusam os movimentos, se calam.
O corpo está inerte, como morto,
mas o sopro morno das cavidades do nariz acusa que há
um ser
(sobre)vivente
que ainda não desistiu de ser maldito.

CORAÇÃO VAGO

Ando sem jeito para escrever ideias, elas parecem se esconder dentro de mim. Estão acanhadas, não querem ser expostas em palavras. Seguem sendo um quase gesto, desespero em fumaça que se dissipa quando desperto. Sigo tentando encaixotá-las, dobrá-las e organizá-las, sem sucesso. A memória é uma espécie de borrão autodestrutivo, não consigo controlar o movimento involuntário do esquecimento. Vou ao sabor do vento incerto e devorador de pensamento. Quero aproveitar o milésimo de segundo e depois mais, mas fico tão preocupada em agradar que petrifico o sonho e não continuo. Só o erro é persistente, repetido. Estou presa no labirinto da própria indiferença, o fio de Ariadne se comprime e enforca o momento, o tempo inventado.

ESQUECER-LEMBRAR-INVENTAR

Nunca sei o que vou escrever até que comece, coloque na tela a primeira palavra.

Vejo filmes todos os dias com a minha irmã mais nova, gastamos muito tempo procurando por títulos, às vezes nos rendemos aos seriados, às vezes combinamos com a mais velha de assistir as três juntas a algum lançamento muito esperado.

Mas por qual motivo estou aqui escrevendo sobre o meu cotidiano banal? Por que e para que falar sobre as coisas que faço? Ah, eu ainda não aprendi a pular etapas, vivo no meu texto e nele também morro — um pouco mais a cada letra, sou contraditória e circunspecta. Nado raso, quero o profundo. Fincar raízes onde os pés não alcançam, paradoxo. É preciso levantar voo e não tenho asas, estou submersa em líquidos escuros e pegajosos, meus olhos dormentes, meus lábios alucinados balbuciam palavras. Sílabas em contágio, tempestade que não desaba.

ABISMO

O desequilíbrio me alcança, atinge meus membros em
todas as direções. Não consigo revidar, o olhar está morto,
a alma absorta vaga pelo ar.
Não!
Eu não aprendi a falar, sou como os bebês que acabam de
estrear no mundo odioso triturador de inocência.
Só sei grunhir e sentir dor.
Me contorço, meus ossos se desprendem e agora são um
amontoado de pó.
Cinza, inútil.
Vago pelo espaço sujo preenchendo rachaduras de paredes
em ruínas...

QUEDA

Isto é um desabafo e uma despedida, talvez insensata e
certamente tardia... tudo é mesmo imprevisível.

Por todas as vezes que entramos no velho pálio prata,
guiado pela senhora, ao som do Grupo Revelação.
Por todas as vezes que ouvi o seu chamado... meu nome
que na sua voz sempre teve som de Ane.
Por todas os sorrisos e as conversas descontraídas.
Por todas as festas e as alegrias das conquistas e das coisas
compartilhadas — lembro da nossa última reunião.
A família Figueira só tem perdido nos últimos tempos,
sempre no começo de cada ano um baque que prende a
gente no chão e é custoso levantar.
Eu escrevo sobre essa dor porque não consigo gritar a
minha revolta diante do absurdo irremediável que é a
morte.
O vazio é devastador porque impossível de ser preenchido.
Descansa, minha Tia.

Até breve!

FRANTUMAGLIA

A cada palavra impossível que ganha contorno gráfico,
um gesto se esboça no intangível.
Tenho medo da insignificância lúcida,
do vazio sem sentido das horas gastas,
vencidas.
Escrevo porque estou perdida,
porque não sei dizer com a voz.
Escrevo sobre o abismo que me habita o fundo,
o dentro de dentro do invisível.
Escrevo para saber que existo em alguma medida
e não somente porque respiro.
Minhas personas se confundem e não compartilham
segredos,
se escondem da materialidade.
Eu não prossigo no trajeto
porque o oblívio age mais rápido que o desejo.
A vontade de ser universo se dissolve em líquidos.
Só me deslumbro com palavras escritas por desconhecidos
as que saem de mim, não distingo...
outra, outras...
abismo.
Adormecem esquecidas no silêncio da tela,
na folha de papel que não será lida.

AND SO IT IS...

Esvaziada a mente, a palavra se ausenta da tela branca.
Escreva, digo.
Esqueça, digo.
Insista, digo.
Para quem?
Apenas digo,
não ouço,
digo,
repito,

                me afasto.

Não cumpro metas,
queimo a língua,
desvio das promessas.
Fujo do mundo que incendeia o presente impossível.

Você é página virada nesse livro,
consumido pela chama de um ontem longínquo.
Ainda testo canais corrompidos.

Detesto o entorno que me suga a vitalidade,
sufoca o sonho,
espanca meu olhar com o excesso de realidade medonha.
Eu, uma centelha de nada,
paralisada pelo gesto tardio que nunca basta.

Humana, mas quanto?

Eu não posso mudar o rumo do mundo.
Choro,
berro,
reviro os olhos e o estômago.

Enfeitiçada pelo horror.
Eu morro.
A poesia se afasta,
afunda no sangue quente,
frio,
petrificado.

Eu morro.

Caminho, mas estou morta,
arrasto minhas correntes
como um fantasma que assombra e é assombrado.
Eu não meto medo,
eu sinto medo,
também sinto raiva.

Nesse solo de clausura, solidão e revolta não cresce o
consolo.

NOTAS INSENSATAS

Não percebo de qual lugar vem esse vento que derruba minhas fraquezas, seca meus olhos e devolve meus ossos para o lugar de origem. Postura correta, coluna ereta no imaginário da mulher cansada. Coisas ruins acontecem o tempo todo, mas persisto nesse lugar sufocante que me mantém alerta, em náusea constante, e me convida para dançar a dança delirante da palavra. Ódio, êxtase, frustração, pequenas mortes, amargor, engasgos, líquidos salgados, torpor... copo meio cheio, coração meio vazio e cabeça transbordante de tantos afetos diluídos.

LIMBO

Sempre que dou uma pausa do mundo — por dentro — meus pensamentos não se distinguem, tudo soa como um quadro impressionista, nuances livres de cores decompostas que conduzem os movimentos. Fixo meu olhar no objeto que não percebo e me atinge. No instante em que meus olhos abrem e fecham, pisco. Demoro para sair do transe, os detalhes me escapam pelas retinas, não sei o que penso nem o que enxergo, apenas sinto o vento e as sombras luminosas e coloridas do tempo. Pequena morte, pincelada de esquecimento, respiro, é como um mergulho no espelho, mas não sei nadar em águas turvas. Caminho sob os cacos de loucura, pequenos diamantes pintados de vermelho, troco de posto com a Outra, a vida suspensa dentro dessa não-existência que me aflige e me enreda.

INTERMITENTE

Caminho pelas ruas íngremes de uma cidade desconheci-
da. Ando em direção a nada, depois percebo que estou na
encruzilhada e que na minha frente só há água. Penso na
impossibilidade de prosseguir, volto. Vejo ruas esburacadas
com enormes descidas, praças abandonadas com poças de
lama, silhuetas passam por mim irreconhecíveis, algumas
trabalham na reconstrução de prédios antigos. Uma imagem
incessante que retorna nos sonhos de uma criança grande,
eu que procuro e não encontro. Águas descem pelas calçadas
em dias cinzas, ou rios e mares que transbordam depois da
tempestade e da chuva de fogo que desaba do céu e destrói a
cidade. No fim do mundo eu transito, me perco em detalhes e
refaço o instante da poesia. Sozinha, caminho desencontrada
nesse espaço feito de fogo e água.

GÓRGONA

Tudo é ficção dentro da realidade dos dias. Estou parada, mas não estou onde pareço estar. Presa no fluxo vertiginoso da invenção cotidiana que acontece quando estou desperta ou em sono profundo. As lembranças se engendram a si próprias — infatigáveis.

Durar, perdurar, endurecer... radicais e afixos se combinam num jogo de sentidos contraditórios. Tudo em três, encruzilhada do sonho. A sombra se afasta da matéria de que é feito o corpo. A carne queima e se refaz quando exposta à luz, treme quando cai a noite sem lua. O coração morre e ressuscita porque o desejo conduz Eros, Tânatos e Dioniso — trívio abissal de eterno retorno.

Flechas, fendas e fios. Serpentes sibilantes sorriem através do espelho tripartido, rastejam e se enrolam formando uma coroa, suas escamas furta-cor se misturam num gesto multicolorido que cega e deslumbra o olhar, mas não o petrifica. A pedra que rola montanha abaixo pertence a outra história. Aqui eu rastejo pelo labirinto e encontro a saída.

INCÊNDIO

A mulher sonha com o gesto inalcançável do agora.
O rosto dissolve a saudade do que não veio.
O corpo rasteja,
tateando o inferno com as mãos, os joelhos e os seios.
O coração colapsado dentro do vazio vago do peito...

Palavras — criações diabólicas
que aspiram o paraíso das chamas que nunca viram cinzas.
Fogo posto
flama incorruptível
criadora de tudo o que não pôde ser.

O QUE A MEMÓRIA NÃO APAGA

Dona Marleuza e seu cheiro de colônia e talco, suas toalhinhas, as imagens das santas que decoravam a cômoda preta que combinava com o espelho ao lado da porta de entrada da casa.

Móveis herdados da tia Lou — a primeira despedida na madrugada...

dezembro, janeiro, fevereiro e março.

Vó, eu sinto sua falta.

Não é mais possível ouvir o ruído da sua antiga máquina de costura, seu telefone de girar sempre perfumado, os tapetes feitos de retalhos, o chão encerado, as frutas frescas de todo domingo, a farinha crocante da feira, a castanha-do-pará descascada.

Não há mais os natais e feriados com o barulho da família reunida.

Não há mais reunião, nem a sua presença, ou a do vovô e a da tia que carregava o seu nome.

Três perdas em três anos consecutivos.

Tudo está disperso, tudo dói e nada faz sentido.

Só restou um vazio e a brutalidade, vó.

Tanto ódio e descaso.

Mas a mamãe está cada vez mais parecida com a senhora, os cabelos já são quase todos brancos.

Espero sinceramente que a vida dela seja menos dura do que foi a sua...

O medo da morte foi herdado pelas mulheres da casa.

A vida tem sido pouco gentil, vó.

Será que de onde a senhora nos vela há cadeiras de balanço?

Uma rede para repousar após o almoço?

Uma televisão sintonizada em alguma novela da globo?

Em sua casa não se assistia a outras emissoras, só quando aconteciam os sorteios da tele-sena e papa-tudo.

Na loteria foram duas chances perdidas e os Figueiras seguem pobres... e agora não apenas no quesito financeiro.

Mas, vó, são os momentos bonitos, os abraços calorosos, o aconchego da infância que guardo na memória cada vez mais borrada, mas com algumas páginas intactas.

A saudade tem cheiro e nome.

PARTE III

DIÁLOGOS INTANGÍVEIS

GRAU ZERO

Levanta-se no susto, perdida na escuridão do longo caminho já conhecido — desde criança trafega pelos mesmos escombros. Seus joelhos estão machucados, os dedos sangram e afastam os grossos fios de cabelos de perto dos olhos. Ela chama por alguém, mas em meio à multidão não é possível distinguir sons ou se ater a nomes. Ela passa por entre as gentes e começa a correr desorientada. Ela corre até perder o fôlego, foge da loucura. Enclausurada dentro do cenário, um sonho dentro de outro sonho, paredes altas a isolam.

Este é um mundo pelo avesso, não há idiomas estranhos, todos se compreendem e se comunicam em sonoridades diversas. Chove pouco nessa cidade, mas o frio é quase sempre intenso — talvez porque não determinado pelo clima, mas pelo dentro. Há rios e mares, o relevo é acidentado, com vias inclinadas e grandes buracos. É quase sempre noite e o céu é iluminado por corpos inventados, às vezes por luzes artificiais e outras vezes por fogo...

Guiada por um fio corrompido, eu caminho. Há uma porção de escadas e enormes espaços em ruínas. Estou em fuga, mas desconheço a razão. Adentro em cavernas para me esconder das feras perseguidoras que farejam o meu medo e os meus fluídos. Fera também sou, pois desvio dos obstáculos e mordo frutos proibidos. Dentro da cidade escura a velocidade é outra, os passos são mais largos e há perigos inomináveis em cada curva. Reconheço alguns rostos, mas as cenas mudam muito depressa, pisco e já estou em outro cenário, desviando de facas e balas. As águas invadem o quintal, eu me afasto da casa cheia de portas, não há janelas e a estrutura parece frágil, emite sons sinistros. Estou sempre perdendo a hora, atrasada para embarcar no bonde. Pedalo, não há asfalto nas avenidas e o céu arde...

O desejo da mulher adormecida é poder sentar-se em frente a uma estranha e dizer o que não ousa sair de sua boca, o que ela jamais consegue articular. O sonho é apenas uma etapa fosca, indecisa e fantasiosa, um quebra-cabeça com peças avariadas e faltosas. As palavras jorram em fluxo violento e não podem ser dispostas de maneira satisfatória ou compreensível. Falta diálogo, falta fôlego e brilho nos olhos.

Por que contar em fragmentos os sonhos que me assombram? Como distinguir as imagens borradas da noite que nunca acaba? Fico cansada dessa jornada que me envolve cada vez mais pra dentro, pra perto do fogo que consome a minha imagem, meu nome impronunciável. Espelho, passagem, labirinto. Quero tudo! Quero explodir ao vento, quero que cada parte de mim se transforme em verso, navegue através do sono e alcance na realidade a moça que dorme, pois quando acordada lamenta pela espera. Quero atravessar as águas do esquecimento, vencer a morte dos afetos, a escalada do tempo. Falo através da outra, a outra fala através de mim. Somos nós — o triângulo imperfeito.

Eu sou, ela é e nós não somos. Eu durmo, ela acorda e nós nos afastamos. O que estou dizendo? Não sei, não consigo ordenar uma lógica, não consigo mudar a paisagem da memória gasta. Escalo o verbo como quem derrapa do alto, tenho fome do que é inominável. Bato os braços na água gelada e escura, nado, voo, me afogo, desabo. A vida se perde dentro de cada instante desperdiçado, eu sufoco dentro do quarto, a solidão abre buracos profundos. Como descrever o vazio? Como transpor um olhar que cega diante do breu? Eu–ela–você, nós estamos conectadas pelo fio rubro que preenche os espaços, nossas asas de cera derretem no calor desse inferno, o céu arde...

Letra

Silêncio

Solidão

Finitude

DESASTRE

Sonho que morro e acordo menos viva e disposta. Apesar da escolha óbvia, insisto na continuidade que sei não me levará a lugar nenhum. Há muito habito esse espaço tedioso e imóvel. Afetos implodidos, loucura quente, fresco delírio, solidão. Há um vazio que se expande em milhas e nunca pode ser ocupado. Perco a voz de tanto gritar e não ser ouvida, não há ninguém e o café esfria amargo. Não é possível requentar a vida, o sorriso murcho talhado no rosto envelhecido. Sou como as estátuas de mármore.

Ainda não aprendi a extirpar o incômodo, não há sons ou palavras que alcancem a velocidade do pensamento, do sonho. Eu tento, me arrasto, mas não consigo ficar de pé diante do abismo. O vulcão segue em atividade, a lava escorre e avança em direção à cidade.

Sou feita de águas fartas, derreto ao sol como um sorvete que se espalha pelos dedos, viscoso e doce. A pele arde e se arrepia com o toque de Apolo. Navego errante em busca do horizonte avermelhado. Movo a ilha ou ela me move? Rompendo o hiato. Na última vez que revisitei as memórias da outra, escrevi por horas a fio, num breu enlouquecedor e traiçoeiro. Os sonhos têm se repetido, assombrosos e escorregadios. Girado sempre no mesmo eixo espacial, como esferas em chamas rolando no espaço vazio. Nós nos afastamos tanto que tenho a impressão de não ser mais possível aproximar os extremos.

VERTIGEM II

A vida acontece e eu não me dou conta. O tempo bailando incólume preenche cada espaço e nós seguimos perdidas de nós e da outra.

Não tenho uma história com a escrita, minhas memórias estão corrompidas, ruídas pela fúria de Cronos. Não aprendi a linguagem da despedida, sou covarde, meu coração se envenena fácil — de ódio, de mágoa, de saudade. Quero poder cultivar a coragem e a liberdade, mas ainda estou prisioneira do rancor e da autossabotagem. Sou contraditória e triste, uma mulher que desconhece seu espaço, que não ouve sua própria voz, que caminha a passos descompassados.

Hoje ela sonhou com a casa da infância e viu cada detalhe mesmo estando de olhos fechados. Não houve nenhum lugar além da infância para a mulher que desperta enquanto a outra descansa.

Eu não falo mais sobre o amor, nem menos. Talvez eu tenha desaprendido a sentir. Os fios estão soltos, corrompidos, sem nós, mas enterrei raso o gesto esboçado no passado. Tu não estás onde te esqueci. Não recordo o teu cheiro ou teu nome... *todo cambió*. Certamente, já tens outro rosto, outro tom. Tu caminhas sobre um chão em que jamais pisei, sorrindo para estranhos. Às vezes te espero em segredo e te toco na imaterialidade do sonho.

O sonho que me assombra o sono gera mais do que uma cacofonia, ele se equilibra nos fios da memória inconsciente e grita que não vai embora, nunca. O corpo morrerá e ele persistirá na lembrança impossível, no desejo de sair da zona escura e ganhar a superfície tangível. Como peças de um enigma irredutível...

Tateio objetos e lembranças buscando desatar as sutis linhas emaranhadas que desenham quem eu sou, fui e serei. Numa tentativa frustrada de dar sentido a dor, ao caos que se espalha como fumaça ao vento. Custo a encarar o reflexo, sinto como se a mulher que me olha de volta fosse estranha, criatura desconhecida e muda. Penso em coisas absurdas, como se a minha existência fosse outra, um compêndio sem fim de fragmentos de mim. Faço perguntas sem respostas e consolo a moça que espreita o mundo através do vidro.

No escuro que dorme plácido no fundo desses olhos castanhos, o lugar vazio segue vazio por teimosia e engano. O lamento sussurra solitário e se esconde nas fissuras das cordas vocais, essas deusas desafinadas carregadas de impossíveis palavras. Pronuncio o silêncio no interior da escuridão, no movimento que induz ao erro, na falha dos sentidos todos me ergo e voo. Dragão pequenino soprando fumaça, pois a combustão explosiva segue em dormência dentro do peito.

A morte está sempre à espreita. Parece cada vez mais perto. Infiltrada na corrente sanguínea que faz circular os fluidos para o cérebro. Sonho com dinastias em ruínas, paisagens alagadas, gritos de desespero. Ruídos de vozes desconhecidas e projéteis certeiros me atravessam. Estou caída, meu sangue vertido no chão pinta o concreto. Meus olhos arregalados observam os movimentos, mas não podem distingui-los. Minhas pernas e braços não obedecem aos meus estímulos.

Estou morta, apenas o olhar permanece... petrificado pela violência dos gestos.

Mobilizo os sentimentos que me tomam o peito. Os pensamentos correm e nunca alcançam os gestos. Minha boca se abre para o abismo, os dentes frágeis mastigam os verbos que morrem antes de alcançar a garganta. Pelo tubo orgânico passeiam silêncios. Não há digestão. O corpo trabalha pelo avesso, somente as mãos desenham o verso inesperado, impensado, submerso.

As notícias me chegam por todos os lados. Há também as respostas em suspensão, as solicitações não lidas e os nãos que se acumulam em toneladas, pesam como chumbo e paralisam os sentidos, os destinos impossíveis tão calculadamente arranjados. Ainda não consigo processar o excesso de informação, falta jeito, falta desejo, falta vida. O sangue insistente continua o seu fluxo para lugar nenhum, o cérebro responde aos estímulos mecanicamente. Haja advérbios para modificar o pronome, para intensificar a poça rasa dessa minha gramática confusa e impossível... De novo? A palavra que me persegue por onde ando ou corro, apesar de estar paralisada: I-M-P-O-S-S-Í-V-E-L. Busco um significado universal para a dor vulgar que se expande. Me abandono. O arcabouço orgânico se mantém alerta no sono que nunca basta. Não quero acordar, nem abrir os olhos tão cansados de olhar e não ver, não alcançar a outra margem que me espera para o café, para a tranquilidade do não-estar.

FRAGMENTOS

morder a palavra
lamber o silêncio
sangrar o tempo
          a tempo de conjurar
a liquidez do verbo
                    trans
bordar

NOITE

Escrever com a fraqueza
em queda livre
estilhaçada no labirinto
partícula de vidro
refletindo a luz
incompleta e desmesurada

Há sombras e abismos infatigáveis
Há todo o oceano por dentro
— água densa retida na margem
Há um corpo cansado
chagas doloridas e invisíveis

A escrita ausente
camuflada dentro do sonho incessante
Ela some,
aparece,
expande
Olhos fechados,
olhos abertos
o olhar distante
A mão não alcança o verso,
os dedos não podem tocar
o som da palavra que foge
O tempo suspende o instante
queima o papel em branco.

CARA LEITORA, CARO LEITOR

A **Cachalote** é um selo do grupo editorial **Aboio** criado em parceria com a **Lavoura Editorial**.

Lemos, selecionamos e editamos com muito cuidado e carinho cada um dos livros do nosso catálogo, buscando respeitar e favorecer o trabalho dos autores, de um lado, e entregar a vocês, leitores, uma experiência literária instigante.

Nada disso, portanto, faria sentido sem a confiança que os leitores depositam no nosso trabalho. E é por isso que convidamos vocês a fazerem cada vez mais parte do nosso oceano!

Todas as apoiadoras e apoiadores das pré-vendas da **Cachalote**:

— têm o nome impresso nos agradecimentos dos livros;
— recebem 10% de desconto para a próxima compra de qualquer título do grupo Aboio.

Conheçam nossos livros e autores pelos portais **cachalote.net** e **aboio.com.br** e siga nossos perfis nas redes sociais. Teremos prazer em dividir com vocês todos nossos projetos e novidades e, é claro, ouvir suas impressões para sempre aprendermos como melhorar!

Embarque e nade com a gente.

Cada livro é um mergulho que precisa emergir.

APOIADORAS E APOIADORES

Agradecemos às 126 pessoas que apoiaram nossa pré-venda e confiaram no trabalho feito pela equipe da **Cachalote**. Sem vocês, este livro não seria o mesmo.

A todos os que escolheram mergulhar com a gente em busca de vozes diversas da literatura brasileira contemporânea, nosso abraço.

E um convite: continuem acompanhando a **Cachalote** e conheçam nosso catálogo!

Alexander Hochiminh
Allan Gomes de Lorena
André Balbo
André Costa Lucena
André Pimenta Mota
Andreas Chamorro
Andressa Anderson
Anthony Almeida
Antonio Pokrywiecki
Arthur Lungov
Bianca Monteiro Garcia
Caco Ishak
Caio Balaio
Caio Girão
Calebe Guerra
Camila Bertelli Martins
Camilo Gomide
Carla Guerson
Cecília Garcia

Cintia Brasileiro
claudine delgado
Cleber da Silva Luz
Cristina Machado
Daniel Dago
Daniel Dourado
Daniel Giotti
Daniel Guinezi
Daniel Leite
Daniela Rosolen
Danielle Caroline
    Batista da Costa
Danilo Brandao
Denise Lucena Cavalcante
Dheyne de Souza
Diogo Mizael Teodoro
Eduardo Valmobida
Eduardo Rosal
Enzo Vignone

Erlândia Ribeiro
Erlison de Almeida Filho
Evelina Silva Figueira
Fábio José da Silva Franco
Fagner Linhares Freire
Febraro de Oliveira
Flávia Braz
Flávio Ilha
Francesca Cricelli
Frederico Vieira de Souza
Gabo dos livros
Gabriel Cruz Lima
Gabriel Stroka Ceballos
Gabriela Machado Scafuri
Gael Rodrigues
Giselle Bohn
Guilherme Belopede
Guilherme da Silva Braga
Gustavo Bechtold
Henrique Emanuel
Henrique Lederman Barreto
Ingrid Nayara Duarte de
Jesus Matos
Jacqueline R. S. de Godoy
Jadson Rocha
Jailton Moreira
Jefferson Dias
Jessica Ziegler de Andrade
Jheferson Rodrigues Neves
João Luís Nogueira
Júlia Gamarano
Júlia Vita

Juliana Costa Cunha
Juliana Slatiner
Júlio César Bernardes
Karina Aimi Okamoto
Laís Araruna de Aquino
Laura Redfern Navarro
Leitor Albino
Leonardo Pinto Silva
Leonardo Zeine
Lidiane Castro Gregory
Lili Buarque
Lolita Beretta
Lorenzo Cavalcante
Lucas Ferreira
Lucas Lazzaretti
Lucas Verzola
Luciano Cavalcante Filho
Luciano Dutra
Luis Felipe Abreu
Luísa Machado
Manoela Machado Scafuri
Marcela Roldão
Marco Bardelli
Marcos Vinícius Almeida
Marcos Prado de Góes
Maria F. V. de Almeida
Maria Inez Porto Queiroz
Mariana Donner
Mariana Figueiredo Pereira
Marina Lourenço
Mateus Magalhães
Mateus Torres Naves

Matheus Picanço Nunes
Mauro Paz
Milena Martins Moura
Minska
Natalia Timerman
Natália Zuccala
Natan Schäfer
Otto Leopoldo Winck
Paula Maria
Paulo Scott
Pedro Torreão
Pietro Portugal
Rafael Mussolini Silvestre
Ricardo Kaate Lima
Rodrigo Barreto de Menezes
Samara Belchior da Silva
Sergio Mello
Sérgio Porto
Thais Fernanda de Lorena
Thassio Gonçalves Ferreira
Thayná Facó
Tiago Moralles
Uira dos Santos Bentes
Valdir Marte
Weslley Silva Ferreira
Yvonne Miller

EDIÇÃO André Balbo
ASSISTÊNCIA EDITORIAL Nelson Nepomuceno
REVISÃO Veneranda Fresconi
COMUNICAÇÃO Thayná Facó
PROJETO GRÁFICO Leopoldo Cavalcante
CAPA Luísa Machado

© Cachalote, 2024

cacos retidos na margem © Adriane Figueira, 2024

Grafia atualizada segundo o Acordo Ortográfico da Língua Portuguesa de 1990, que entrou em vigor no Brasil em 2009.

Os personagens e as situações desta obra são reais apenas no universo da ficção: não se referem a pessoas e fatos concretos, e não emitem opinião sobre eles.

Dados Internacionais de Catalogação na Publicação (CIP)
Eliane de Freitas Leite — Bibliotecária — CRB — 8/8415

Figueira, Adriane
    cacos retidos na margem / Adriane Figueira -- 1. ed. --
São Paulo: Cachalote, 2024.

    ISBN 978-65-982871-3-9

    1. Poesia brasileira I. Título.

24-207895   CDD–B869.1

Índices para catálogo sistemático:
1. Poesia : Literatura brasileira

[2024]

Todos os direitos desta edição reservados à:
ABOIO EDITORA LTDA
São Paulo — SP
(11) 91580-3133
www.aboio.com.br
instagram.com/aboioeditora/
facebook.com/aboioeditora/

[Primeira edição, junho de 2024]

Esta obra foi composta em Adobe Caslon Pro.
O miolo está no papel Pólen® Natural 80g/m².
A tiragem desta edição foi de 150 exemplares.
Impressão pelas Gráficas Loyola (SP/SP)

A marca FSC® é a garantia de que a madeira utilizada na fabricação do papel deste livro provém de florestas que foram gerenciadas de maneira ambientalmente correta, socialmente justa e economicamente viável, além de outras fontes de origem controlada.